착한 옷을 입어요

착한 옷을 입어요

글 방미진 | 그림 소복이 | 감수 박경화

위즈덤하우스

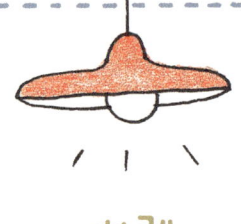

차례

1 멋쟁이 모녀 VS 그냥 모녀 8
　◆ 옷이 만들어지는 과정

2 싸구려 천국 16
　◆ 싼 것은 착해?

3 쌍둥이는 외나무다리 위에서 24
　◆ 옷을 사 입는 게 왜 환경오염이야?
　◆ 옷은 왜 입는 걸까?
　◆ 옷 쓰레기 문제

4 하루살이 멋쟁이 34
　◆ 옷도 일회용? 아니, 재활용!

5 옆집에 놀러 갈 땐 모피 코트 42
　◆ 원한이 서려 있는 옷

6 앤티크 하우스 50
  ◆ 슬로패션이란?

7 리폼의 여왕 58
  ◆ 재미있고 쉬운 의류 리폼
  ◆ 옷을 오래 입는 법
  ◆ 옷장을 잘 정리하는 법

8 고물이야? 보물이야? 68
  ◆ 공정무역과 환경친화적 옷 입기

9 내복 엄마와 옷걸이 세나 76
  ◆ 멋쟁이들의 옷 입는 노하우
  ◆ 생활 속 작은 실천들
  ◆ 의류 세탁 표시 제대로 알기
  ◆ 우리나라 의류 세탁 표시

 작가의 말 | 내 작은 노력도 환경을 위한 커다란 실천이에요 88

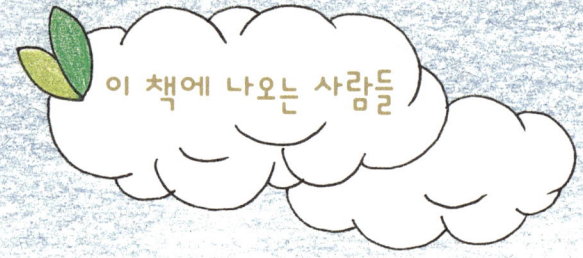
이 책에 나오는 사람들

경숙
세나 엄마. 학창 시절 잘나가던 멋쟁이였지만 지금은 펑퍼짐한 아줌마가 되어 있다. 통이 크고 화끈한 성격인데, 여고 동창생 순심을 만나면서 소심한 경쟁심에 불타오른다.

세나
샘이 많고 단순한 편이다. 하지만 알고 보면 긍정적인 성격의 밝고 착한 아이다.

만수
경숙의 남편. 푸근한 인상처럼 성격 좋은 아저씨.

세민
세나의 남동생.

순심

경숙의 여고 동창생이자 진진의 엄마.
오래된 물건을 소중하게 여기고,
유행을 쫓는 게 아닌 본인의 멋을 즐기며 산다.

진진

세나와 같은 반 친구로
신비로운 분위기의 소녀.
세나가 좋아하는 유림이와 사귀고 있다.

유림

진진의 남자 친구.
멋쟁이에 잘생긴 외모로
여자아이들에게 인기가 많지만,
눈치가 없고 방정맞다.

1 멋쟁이 모녀 vs 그냥 모녀

　세나와 엄마 경숙은 암울한 표정으로 웅크리고 앉아 있었다. 저녁이 되도록 불도 켜지 않은 채 말이다. 눈치를 보느라 방에 숨어 있던 동생 세민과 아빠 만수가 거실로 나왔다. 배가 고팠기 때문이다. 하지만 모녀가 내뿜는 음산한 분위기에 소스라치게 놀라 다시 방으로 달아났다. 물론 세나와 경숙의 눈에는 이들이 보이지도 않았다. 세나와 경숙에게는 지금 밥이 문제가 아니었다. 오늘 낮, 도저히 일어나서는 안 되는 일이 일어났기 때문이다.

옆집에 새로 이사 온 사람은 다름 아닌 경숙의 여고 동창 순심이었다. 화려했던 시절, 경숙은 학교에서 제일가는 멋쟁이였다. 그에 반해, 순심은 촌티가 줄줄 흘렀었다. 그런데 지금은…….
 마침 세나가 나타나 눈치 없이 인사를 건넸다.
 "엄마 친구세요? 우리 엄마보다 훨씬 젊어 보이는데?"
 "얘도 참. 너희 엄마가 학교 다닐 때 얼마나 멋쟁이였는데."
 "말도 안 돼."
 세나는 순심과 깔깔거리며 웃어 댔다. 경숙은 딸이지만 세나가 야속했다. 그때 어디선가 청순한 소녀가 나타나 세나를 보고 아는 체했다.
 "엄마! 어, 세나야?"
 "어머, 너희들 아는 사이니? 세상에 우리 진진이랑 같은 반 친구가 네 딸이었다니! 이것도 인연인데 친하게 지내자."
 경숙과 세나는 마지못해 그러자고 대답했다.

🌱 옷이 만들어지는 과정

가위로 쓱쓱 자르고, 바느질하면 끝? 실제 옷은 어떻게 만들어지는 걸까요?

그 다음에 예쁜 색상으로 **염색**을 하고 **탈수**를 해요. 이상, 천 만들기 끝!

옷은 크게 **편직–염색–탈수–재단–바느질–포장** 등의 과정을 거쳐요.

이렇게 만든 천을 옷본에 맞추어 잘라요. (**재단**)

좀 더 자세히 말하면, 실을 엮어 천으로 만든 뒤(**편직**), 이물질과 얼룩을 제거하기 위해 세탁을 하죠.

2 싸구려 천국

어둠 속에 있던 모녀는 뭔가 결심한 듯 벌떡 일어나 불을 켰다. 드디어 밥을 먹겠구나, 신이 난 만수와 세민이 슬금슬금 거실로 나왔다. 그러나 세나와 경숙이 향한 곳은 주방이 아니었다. 세나와 경숙은 컴퓨터 앞으로 뛰고 있었다! 바로 인터넷 쇼핑을 하기 위해서였다.
"엄마, 우리도 멋쟁이가 되는 거야!"
세나가 비장하게 말했다.
"맞아! 우리라고 멋쟁이 모녀가 되지 말란 법이 어디 있어!"
"멋쟁이는 뭐니 뭐니 해도……."
"옷을 잘 입어야지!
죽이 척척 맞는 모녀였다.

세나와 경숙은 일심동체가 되어 인터넷 쇼핑몰을 둘러보기 시작했다. 그리고 잠시 뒤, 환희에 차 외쳤다!

엄마, 똑같은 거 파는 쇼핑몰이 계속 나와. 끝이 없는 것 같아.

세나야! 포기하면 안 돼! 우린 할 수 있어. 제일 싼 곳을 찾고 말 거야!

→

세나야! 드디어 해냈어!

이천 원이나 싸게 사다니!

엄마, 어떡해. 내 것밖에 못 샀잖아.

엄마 건, 내일, 아니 오늘 밤에 사자.

　세나와 경숙은 그때부터 하루가 멀다고 밤을 꼬박 새우며 인터넷 쇼핑에 매달렸다. 그 결과, 그들은 멋쟁이가 되기 전에 다크서클이 턱까지 내려와 초췌하기 이를 데 없는 몰골이 되었다.
　하지만 세나와 경숙은 행복했다. 이제 곧 새 옷이 배송될 테니까!

3 쌍둥이는 외나무다리 위에서

세나는 아침부터 기분이 좋았다. 드디어 주문한 새 옷이 도착했기 때문이다.
머리부터 발끝까지 새것으로 한껏 멋을 부린 세나는 자신이 마치 다른 사람이 된 것만 같았다.
"어제의 내가 그냥 세나였다면, 오늘의 나는…… 멋쟁이 세나야! 다들 날 다시 보겠지? 유림이도 진진보다는 날 좋아하게 될지도 몰라."

"룰루랄라."

"룰루랄라. 리라라. 니나노~"

세나는 한껏 들떠 학교로 향했다. 하지만 복도를 들어서는 순간, 세나의 기대는 산산조각 나고 말았다.

긴 복도에 서 있는 두 명의 여자아이. 둘은 흡사 외나무다리 위에서 맞닥뜨린 원수처럼 서로를 마주 보며 서 있었다. 그것도 쌍둥이마냥 똑같은 모습으로! 그렇다. 둘은 같은 쇼핑몰에서 옷을 산 것이다!

거울 속 자신처럼 똑같은 원피스, 똑같은 카디건, 똑같은 머리띠!

하지만, 둘은 같은 반이었다.
그것도 같은 분단에 앞뒤 자리였다.

쉬는 시간 종이 울리자마자 세나는 자리에서 일어나 수지를 피해 얼른 화장실로 달아났다. 하지만 화장실은 물론 가는 곳마다 여지없이 둘은 맞닥뜨렸다.

패스트푸드가 사람 몸을 병들게 한다면, 패스트패션은 지구를 병들게 해. 패스트패션 옷들은 유행에 민감하기 때문에, 유행이 지나면 몇 번 입지 않아도 쉽게 버려. 그래서 자원 낭비와 환경오염이 심각하다고.

자원 낭비인 건 알겠는데 환경오염까지? 너무 과장이 심한 거 아냐?

버려진 옷들은 엄청난 양의 쓰레기라고. 또, 이 옷 쓰레기들을 태우면서 발생하는 이산화탄소와 다이옥신 등 각종 유해 물질이 지구온난화를 일으킨다는 사실!

엄마, 나 잠옷 사 줘! 우주복 같은 걸로!

4 하루살이 멋쟁이

"왔다!"
드디어 경숙의 새 옷도 도착했다. 경숙은 당장 새 옷을 입어 봤다. 요즘 주부들 사이에서 화제인 드라마 《멋쟁이 며느리》의 셋째 며느리가 입은 바로 그 스타일이었다.
"어머, 어머! 진짜 똑같네."
경숙은 내친김에 화장도 하고, 머리도 셋째 며느리처럼 한껏 부풀렸다. 그러고 나자 마치 자신이 그 연예인이 된 것만 같았다.

"어머! 경숙아. 오늘 무슨 중요한 일 있니?"
한껏 차려입고 집을 나서는데, 아파트 정문에서 순심과 딱 마주쳤다.
"응, 좀 일이 있어서."
"어디 가는데?"
"그게…… 시장."
순간 둘 사이에 침묵이 흘렀다. 순심이 얼른 화제를 돌렸다.
"그, 그렇구나. 난 가게 나가는 중이야. 오래된 물건이나 옷 같은 거 파는 가게를 하고 있거든. 너도 언제 한번 구경 와."
"아, 중고? 난 촌스러운 거 싫어해서. 또 누가 쓰던 거 찜찜하기도 하고. 아무튼 중고는 좀 그래."
경숙은 약간 무시하는 투로 말했다.
"부담 갖지 말고 그냥 놀러 와."
저만치 순심이 멀어져 갔다. 경숙은 다시 고개를 치켜들고 걸어갔다.
'역시 옷이 날개라니까.'

그러나 멋쟁이의 길은 그리 호락호락하지 않았다. 얼마 지나지 않아 경숙은 위기를 맞고 말았다. 맞은편에서 멋쟁이 셋째 며느리 스타일의 아줌마들이 우르르 몰려오고 있었던 것이다!

진짜 멋쟁이는 소품으로 차별을 두는 법이라며, 기다란 스카프를 꺼내 두른 경숙은 그렇게 겨우 위기를 넘겼다.

하지만 또 다른 시련이 경숙을 기다리고 있었으니……. 며칠 뒤!

그렇다. 경숙의 새 옷, 멋쟁이 셋째 며느리 옷은 단 한 번의 세탁으로 너덜너덜한 걸레가 되어 버린 것이다.

엄마, 멋쟁이 며느리가 아니라 가난한 며느리 같아. 음, 신데렐라 며느리? 흥부네 며느리?

시끄러.

재활용 가게는 나한테는 쓸모없지만 누군가에게는 꼭 필요한 중고 물품을 기증한 뒤 다시 판매하고, 그 수익금은 불우이웃이나 환경 관련 활동 등 의미 있는 일에 다시 쓰는 일을 하는 단체야.
중고 물품을 다시 씀으로써 물건의 수명을 늘이고, 쓰레기 양은 줄여서 지구의 부담은 덜어 주지. 이런 재활용 가게에는 아름다운 가게와 녹색가게, 되살림가게 등이 있어.

함께 사는 지구, 이제 재활용은 선택이 아니라 필수!

벼룩시장과 아나바다 장터

벼룩시장은 온갖 종류의 중고품을 팔고 사는 시장이야. 아나바다 장터는 '아껴 쓰고' '나눠 쓰고' '바꿔 쓰고' '다시 쓰고'란 뜻으로 서로 안 쓰는 물건을 바꿔 쓰자는 의미의 장터지. 둘은 얼핏 비슷해 보이지만 벼룩시장이 중고 물품을 팔아서 돈을 버는 목적이라면, 아나바다 장터는 주부들이 중심이 된 환경 단체가 환경 캠페인의 하나로 시작한 것으로 물건의 재활용과 친환경 목적이 더 크다고 할 수 있어.

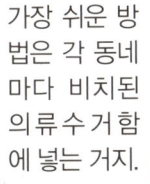

가장 쉬운 방법은 각 동네마다 비치된 의류수거함에 넣는 거지.

우리 골목에도 있었네. 가까운 데 있는데도 귀찮아서 그냥 버렸지 뭐야.

의류수거함

동네마다 마구잡이로 생겨나면서 오히려 동네 환경이 지저분해지고, 버려야 할 정도의 옷까지 수거함에 넣어 문제가 되기도 했어. 그래서 최근에는 시나 구에서 직접 의류재활용협회와 힘을 합쳐 관리하기로 하는 등 신경을 쓰고 있지.

5 옆집에 놀러 갈 땐 모피 코트

"경숙아, 오늘 점심때 시간 괜찮니?"
"응. 별일 없는데 왜?"
슈퍼에 가던 길에 경숙은 현관에서 순심을 만났다.
"세나는?"
"걔야 집에서 빈둥거리고 있지. 그나저나 오늘 점심은 또 뭘 해 먹지?"

"잘됐다! 이따 세나랑 우리 집으로 와. 안 그래도 밥 한번 같이 먹고 싶었는데. 좀 이따 보자. 알았지?"
"그, 그래."

경숙은 얼떨결에 약속을 하고는, 화들짝 놀라 집으로 달려갔다. 그리고 옷장을 뒤지기 시작했다!

세나와 경숙은 다시 옷장을 뒤지기 시작했다.

어느새 방 안은 던져진 옷들로 가득 찼고, 세나와 경숙은 지칠 대로 지쳐 쓰러지기 직전이었다. 그래도 고생한 보람이 없는 건 아니었다. 입을 만한 옷을 찾아냈으니까!

'이게 무슨 망신이람!'
'엄마 때문에 이게 뭐야.'
옷이란 남에게 그럴듯하게 보이는 것도 좋지만, 때와 장소에 맞게 입는 게 더욱 중요하다는 걸, 두 사람은 그야말로 후끈하게 느꼈다.

6 앤티크 하우스

모피 코트와 리본을 벗어 던지고 경숙과 세나는 칼국수를 정신없이 먹기 시작했다. 역시 음식은 편하게 먹어야 맛있다며 급기야 경숙은 허리띠까지 풀고는 후루룩후루룩 빠르게 먹어 댔다. 두 사람의 엄청난 먹성에 순심은 배가 많이 고팠던 모양이라며 흐뭇하게 바라보았다.

경숙과 세나는 칼국수를 두 그릇씩 먹고는, 이번엔 너무 배가 불러 지쳐 버렸다. 두 사람은 남의 집이라는 사실도 잊고, 소파에 쓰러지듯 드러누웠다.

"엄마, 저 코끼리 장식 좀 봐. 멋지다!"

"어머, 저거 경대 아냐! 옛날 여자들이 화장할 때 쓰던."

누워서 집 안을 하나씩 살피던 경숙과 세나는 벌떡 일어났다. 그리고 집을 구경하기 시작했다. 순심과 진진의 집은 다른 집들과는 분위기가 사뭇 달랐다. 물건 하나하나가 어딘가 고급스러워 보였고, 디자인도 독특했다.

"이게 바로 그 유명한 '앤티크'라는 건가?"
"엄마, 앤티크가 뭔데?"
"고풍스런 느낌의……. 아무튼 부자들이 좋아하는 인테리어야."
"에이, 그게 뭐야?"
아늑하면서도 멋스러운 집안 분위기에 경숙은 괜히 샘이 나서 한마디 했다.

"너 돈 많은가 보다. 이런 걸로 집을 꾸며 놓고."
"아니야. 이 물건들 잘 봐. 우리 어릴 때 쓰던 거잖아."
"어, 진짜네. 어릴 때 우리 집에도 한복 천으로 만든 반짇고리 있었는데."
"엄마, 지금 우리 집에도 있어?"
"지금은 없지. 옛날에 버렸으니까."
"아깝다."

"그러게, 이럴 줄 알았으면 안 버리는 건데. 그땐 뭐든 새것이 좋은 줄 알았지. 옛날 물건들이 정성스럽게 만든 게 많은데. 튼튼하기도 하고."
경숙이 안타까워하자 순심이 말했다.
"그렇다니까. 이 경대도 우리 엄마가 쓰시던 거야."

한편, 세나는 진진의 방을 구경하러 갔다. 진진의 방에도 독특한 물건들이 많이 있었다.

"이 오르골 되게 멋스럽다."

"우리 엄마가 여고생 때 남학생한테 선물 받은 거래. 큭큭."

"책상도 무지 반들반들하네. 이것도 오래된 거야?"

세나가 부러운 듯 쳐다봤다.

"응. 엄마가 학생 때 쓰던 나무 책상이야. 오랜 시간 지나면서 손때가 묻고 윤이 나서 더 멋있어졌어."

"이 코끼리는? 이건 우리나라 게 아닌 것 같은데."

"그건 저금통인데, 누가 외국 여행에서 사 왔다가 버린 것 같아."

"나도 갖고 싶다."

"나중에 우리 가게에 놀러 와. 중고 물건들이 많이 있으니까."

"하지만 중고는 좀 그런데……."

할 말이 없어진 경숙은 뭔가 꼬투리 잡을 게 없을까 싶어, 집 안을 샅샅이 살폈다. 그러다 순심과 세나의 옷차림에 눈이 갔다. 순간, 경숙의 눈이 반짝 빛났다.

중고라고 해도 진진이 입고 있는 옷은 거리에서 볼 수 있는 비슷비슷한 옷들과는 달리 천도 좋아 보였다. 무늬와 디자인도 독특했다.

7 리폼의 여왕

"예쁘다."
"나도 좀 가르쳐 줘."
아침부터 여자아이들이 진진의 자리에 몰려 있었다. 세나는 괜히 샘이 나서 아는 척하고 싶지 않았지만, 궁금해서 참을 수 없었다.
여자아이들이 들여다보고 있는 건 진진의 새 가방이었다.

세나는 진진이 직접 가방을 만들었다는 사실에 충격을 받았지만, 애써 침착하려 노력했다. 문득 사는 것보다 만드는 게 돈이 더 많이 든다는 말을 어디선가 주워들은 게 생각났다.

 진진이 일어나 자신이 입은 짧은 청치마를 보여 주었다. 자세히 보니, 사선으로 원래 바지 재단선이 보였다. 하지만 옷 가게에서 파는 청치마도 그런 디자인이 많았기에, 바지였다는 게 믿기지 않았다.

🍃 재미있고 쉬운 의류 리폼

✳ 티셔츠로 가방 만들기

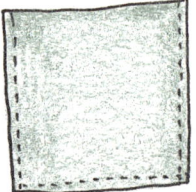

❶ 작아서 못 입거나, 낡은 티셔츠를 준비해요.

❷ 뒤집은 뒤, 팔 아래 부분을 쭉 박아 줍니다.
드르륵~ 간단한 바느질이라 재봉틀이 없어도 직접 할 수 있어요.

❸ 다시 뒤집으면 가방이 거의 완성!

❹ 이제 손잡이만 만들면 돼요.
천으로 된 끈을 잘라서 붙이거나,
(가운데 두 겹으로 붙이거나, 간단하게 만들고 싶으면 양쪽 끝에 붙이면 돼요.)
바느질한 위쪽 부분의 버리는 천으로 끈을 만들어도 돼요.

우아,
뭐가 이렇게 간단해?
바느질도 한 면만 하면 되네.

참 쉽죠~

지금 옷장을 한번 정리해 봐. 옷장 속에 숨겨진 보물 같은 옷이 있을 수도 있고, 쓸모없는 옷이 잠자고 있는 경우도 있을 거야.

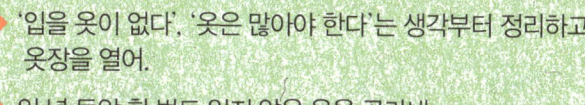 옷장을 잘 정리하는 법

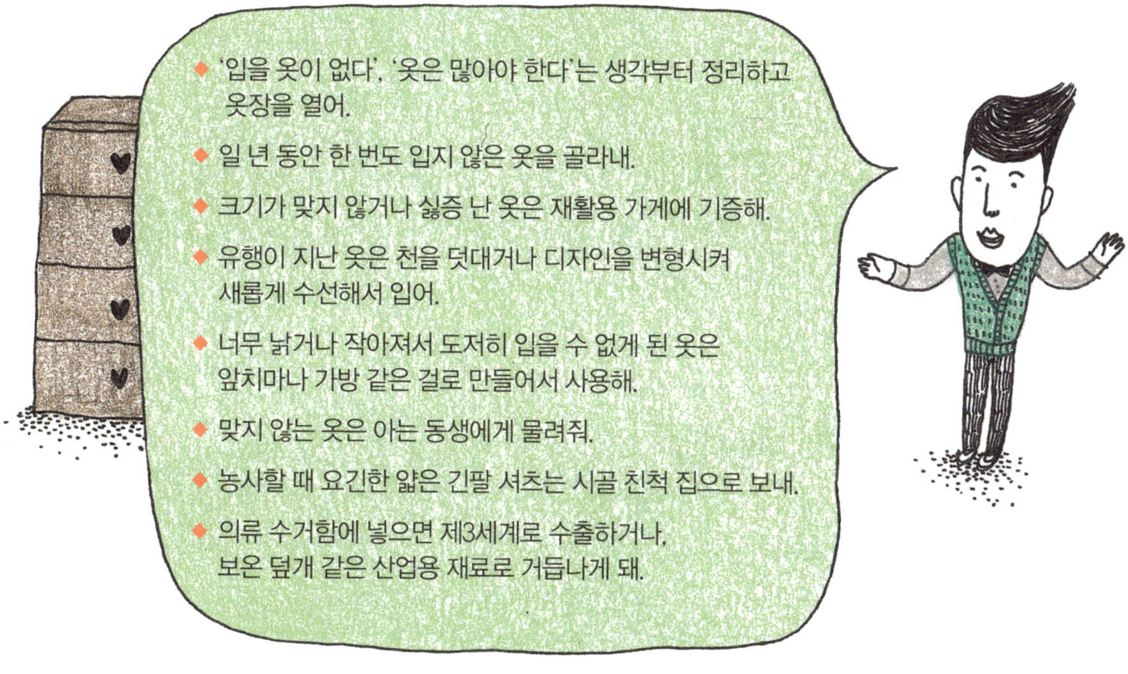

- '입을 옷이 없다', '옷은 많아야 한다'는 생각부터 정리하고 옷장을 열어.
- 일 년 동안 한 번도 입지 않은 옷을 골라내.
- 크기가 맞지 않거나 싫증 난 옷은 재활용 가게에 기증해.
- 유행이 지난 옷은 천을 덧대거나 디자인을 변형시켜 새롭게 수선해서 입어.
- 너무 낡거나 작아져서 도저히 입을 수 없게 된 옷은 앞치마나 가방 같은 걸로 만들어서 사용해.
- 맞지 않는 옷은 아는 동생에게 물려줘.
- 농사할 때 요긴한 얇은 긴팔 셔츠는 시골 친척 집으로 보내.
- 의류 수거함에 넣으면 제3세계로 수출하거나, 보온 덮개 같은 산업용 재료로 거듭나게 돼.

8 고물이야, 보물이야?

"고물 속에서 보물 찾기?"

한적한 길가, 세나와 경숙은 작은 가게 앞에서 고개를 갸우뚱했다. 그곳은 바로 순심이 운영하는 가게였다. 세나와 경숙은 중고 물건은 좋아하지 않았지만, 중고가 아닌 물건들도 판매한다는 말에 한번 와 보기로 한 것이다.

"안녕! 진진아!"

"어머! 세나야! 안녕하세요?"

가게에 들어서자, 순심은 보이지 않고 진진이 혼자 가게를 보고 있었다. 진진은 편하게 둘러보라며 어른스럽게 맞았다.

"생각보다 물건이 많네."

가게 구석구석을 살피던 경숙은 깜짝 놀라 자신도 모르게 손을 뻗었다. 경숙의 손이 향한 곳에는, 빨간 구두가 유혹하듯 은근한 빛을 뿜고 있었다.

"이거야, 이거! 바로 내가 원하던 디자인이야!"

"엄마, 중고 싫다고 했잖아."

"무슨 소리야! 구두는 이렇게 길난 게 발도 편하고 멋스러운 거야!"

경숙은 구두를 끌어안으며 감격스러워했다.
"한번 신어 보세요."
하지만 구두를 신어 보던 경숙은 충격에 몸이 굳고 말았다. 구두가 발에 맞지 않았던 것이다! 경숙은 신데렐라의 유리 구두를 신은 새 언니처럼 억지로 발을 끼워 넣으려 했지만 헛수고일 뿐이었다.

운명의 장난인가? 빨간 구두는 세나의 발에 꼭 맞았다. 그리고 제 주인을 만난 듯 세나에게 너무나 잘 어울렸다.

신이 난 두 사람은 마음먹고 물건들을 살펴보기 시작했다. 그러다 가게 한쪽에 진열된 티셔츠와 액세서리를 발견하게 되었는데…….

9 내복 엄마와 옷걸이 세나

"으, 추워!"
밖에서 놀다 들어온 세민이 얼른 이불 속으로 쏙 들어갔다. 물론, 입고 있던 옷은 훌렁훌렁 벗어 바닥에 던져 놓은 채 말이다.
그 모든 걸 지켜보고 있던 세나가 눈을 반짝이며 다가왔다. 흡사 먹잇감을 발견한 호랑이 같았다.

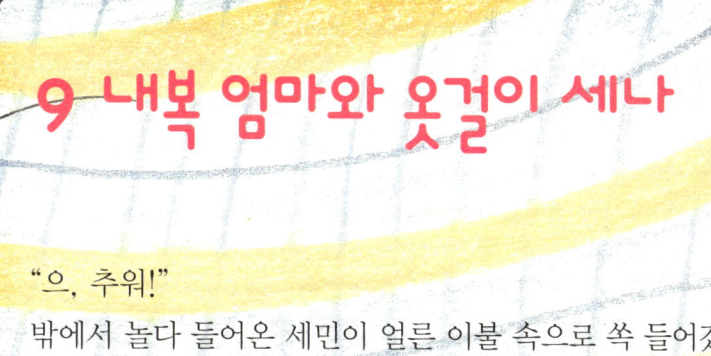

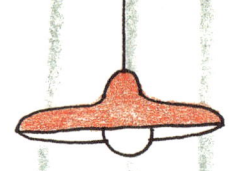

"오! 우리 딸, 아주 야무지네. 세민이도 누나 보고 배워."

마침, 퇴근해서 들어온 만수가 이 모습을 보고 세나를 칭찬했다. 불과 며칠 전까지만 해도 세나 역시 옷을 아무 데나 벗어 놓고는 했었다. 그래서 경숙은 거의 매일 빨래를 해야 했다. 옷걸이에 걸지 않고 방바닥에 아무렇게나 벗어 놓으면, 옷이 금세 구깃구깃해져서 다시 입을 수 없었기 때문이다.

만수는 흐뭇해하며 옷을 벗어 걸고, 집에서 입는 반바지와 반팔로 갈아입었다. 그리고 보일러를 올렸다! 그때 벼락같이 경숙이 달려왔다.

"당신, 지금 무슨 짓이야?"

"응? 내가 무슨 잘못이라도……."

"보일러를 이렇게 올리면 어떡해? 바깥이랑 온도 차이가 너무 나도 건강에 안 좋다고."

"하지만 추운걸."

"아빠, 여름옷을 입고 춥다고 하면 어떡해요!"

이번엔 세나가 목소리를 높였다.

"헉! 이게 펴, 편하니까."

세나와 경숙은 달라졌다. 그들은 깨달은 것이다. 진짜 멋쟁이는 옷을 사 들이는 사람이 아니라 진정 옷을 사랑하고 아낄 줄 아는 사람이라는 것을!

그리고 자기만 생각하는 이기적인 패션이 아닌, 옷을 만드는 사람과 지구까지 생각하는 윤리적인 패션이 진정한 멋이라는 것을!

그리하여 세나와 경숙은 진짜 멋쟁이가 된 것이다.

🍃 우리나라 의류 세탁 표시

물세탁

네모난 세탁기 모양 그림은 물세탁이 가능하다는 거예요. 세탁기든 손으로든 물로 빨 수 있고, 세제 종류도 아무거나 괜찮다는 거지요. 안에 써 있는 숫자는 그 온도의 물로 세탁하라는 표시예요. 즉, 물 온도 95, 60, 40도로 세탁하라는 거지요.
앞에 '약'이라고 써 있는 것은 약하게 세탁하라는 거고, '중성'은 중성세제를 사용하라는 말이지요. 컵 모양 그림에 '손세탁'이라고 쓰여 있는 거는 세탁기는 안 되고, 손빨래하라는 표시예요.
또 X표시되어 있는 마지막 그림은 물로 빨면 안 된다는 거니까, 절대 물세탁을 하면 안 돼요.

드라이클리닝

네모 속 동그라미에 '드라이'라고 써 있는 건 드라이클리닝해도 된다는 표시예요.
'석유계'라고 쓰여 있는 건 클리닝시, 석유계 제품을 사용해야 한다는 표시고, ─ 그어진 그림은 드라이클리닝할 수 있지만 전문점에서만 가능하다는 거지요.
X표시된 그림은 드라이클리닝하면 안 된다는 거예요.

다림질 방법

다리미 그림 안에 써 있는 180~210, 140~160 숫자는 다림질 온도예요. 180~210도 사이, 140~160도 사이의 온도로 다림질을 하라는 거지요. 다리미 그림 밑에 ～ 물결 모양 그림은 다림질할 옷 위에 다른 천을 덮고 다림질을 하라는 표시고, 역시 X표시가 되어 있는 그림은 다림질할 수 없다는 거예요.

  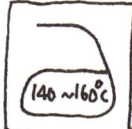 
  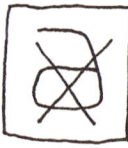 

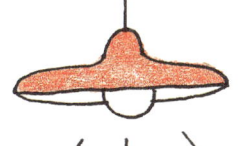

표백제 사용

옷을 좀 더 하얗게 하기 위해 빨래할 때 표백제를 사용하기도 해요. 이 표시는 산소, 염소 표백제 중 어떤 걸 사용해야 되는지를 알려 주는 거예요. 세모 모양에 염소 표백이라 써 있는 거는 염소계 표백제를 써도 된다는 표시이고, X표시 된 거는 염소 표백할 수 없다는 표시지요.
역시 산소 표백이라 써 있는 거는 산소계 표백제를 써도 된다는 표시이고, X표시는 산소 표백할 수 없다는 뜻이에요.
또 염소, 산소 표백 모두 써진 것은 산소, 염소계 표백제를 모두 써도 된다는 표시이고, 역시 X표시는 둘 다 사용하면 안 된다는 뜻이지요.

건조 방법

동그란 햇살 모양 안에 '옷걸이'라고 쓰여 있는 거는 옷걸이에 걸어서 말리라는 거고, '뉘어서'라고 쓰여 있는 거는 바닥에 뉘어서 말리라는 표시예요. 동그라미 안에 빗금이 그어진 두 번째, 네 번째 그림은 햇볕에서 말리면 안 되고, 그늘에서 말려야 한다는 표시지요.
네모 속에 동그라미가 있는 그림은 세탁한 뒤에 기계로 말려도 된다는 거고, X표시가 있는 건 안 된다는 거예요.
그리고 빨래 모양 그림은 세탁한 뒤에 손으로 약하게 짜야 한다는 거고, X표시가 있는 건 손으로 짜면 안 된다는 표시지요.

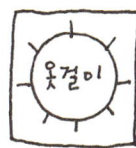 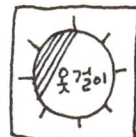 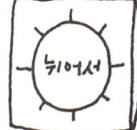
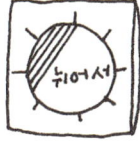  

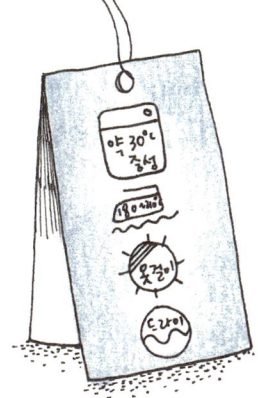

"이제 이 라벨을 읽을 수 있겠지?
30도 물에 약하게 세탁기를 사용하거나
손으로 빨아야 해. 세제는 중성세제를 써야 하고.
옷걸이에 걸어서 그늘에서 말려야 하지.
다림질을 할 때는 옷감 위에 다른 천을 하나 덮고,
180~210도 정도의 온도로 다려야 해.
이렇게 집에서 세탁해도 되고,
드라이클리닝을 맡겨도 되는 옷이야."

작가의 말

내 작은 노력도 환경을 위한 소중한 실천이에요

여러분은 '환경 보호'나 '환경 실천' 하면 어떤 게 떠오르나요?
'지구를 지킨다.' 혹은 '지구를 살린다.'
같은 거창한 말이 떠오르지 않나요?

'환경 실천'이라는 걸 하려면,
초록색 지킴이 옷을 입고 캠페인에 참여하고,
채식주의를 하고, 우리의 모든 생활을 희생해야만 할 것 같지요.
또, 예쁘게 멋을 부려서는 절대 안 될 것 같고요.
그래서 시작도 하기 전에 지레 겁을 먹고,
'환경'이라는 말에서 아예 고개를 돌리고,
모른 척 외면하고 있는 친구들이 많을 거예요.

하지만 환경 실천이라는 것이 정말 그렇게 거창하고 어렵기만 한 일일까요?
몇몇 사람들의 적극적인 환경 실천 운동도 중요하지만,
많은 사람들의 작은 참여가 더 필요한 것은 아닐까요?

한두 번 입고 버릴 옷 대신, 오래 입을 옷을 사고
필요 없는 의류를 버리는 대신, 재활용하고
한 번 입고 세탁하던 옷을 깨끗하게 걸어 두어 번 더 입는 것.
별로 어렵지 않은 일들이지요.
이런 일들이 환경에 큰 도움이 되겠느냐고요?

한번 상상해 보세요.
지구에 얼마나 많은 사람이 살고 있는지,
그 사람들이 입고 있는 옷을 한 벌씩만 모아도
얼마나 많은 양의 옷이 모일까요?
산처럼 커다란 옷더미가 수십 개, 수백 개 생기겠지요?
이 옷들의 세탁을 한 번만 줄여도 얼마나 많은 물과 세제가 절약될까요?

여러분들이 생활에서 실천하는 작은 일들은
결코 작은 일들이 아니랍니다.

그러니 좀 더 당당해져도 좋아요.
'어휴, 내가 무슨 환경 실천이야. 나 하나쯤 한다고 무슨 영향이 있겠어.'
라고 고개를 돌릴 게 아니라
'난 환경 실천에 동참하고 있어. 작지만 내 행동 하나가 큰 영향을 미칠 거야.'
라고 자신 있게 말하세요.
작은 실천이야말로 소중한 것이니까요.

결국, 지구를 지키는 건
파워레인저 같은 몇 명의 지구용사들이 아니라
그 속에 살고 있는 수많은 사람들, 바로 우리들이니까요.

방미진

우리나라 재활용 가게

아름다운 가게 : 재활용 가게 중 가장 널리 알려진 곳으로, 헌 물건을 기증받아서 자원봉사자들이 판매를 하고, 수익금은 불우이웃을 돕는 일을 하고 있어. '에코파티 메아리'라는 재활용 브랜드도 만들어서 기증된 의류 중 매장에서 판매되기 어려운 것들을 모아 가방이나 인형 같은 제품으로 다시 만들어 판매하는 일도 하고 있어.

녹색가게 : 녹색가게전국협의회에서 운영하는데 전국의 환경단체들과 함께 여러 매장을 열고 있어.

되살림가게 : 마포구 성산동에서 두레생협 회원들이 운영하는 작은 재활용 가게야, 동네 사람들이 쓰지 않는 물건을 기증하고, 다시 물건을 사 가.

참고 사이트

- 아름다운 가게
  http://www.beautifulstore.org
- 되살림가게
  http://cafe.daum.net/sungmisanshop
- 여성환경연대
  http://www.ecofem.or.kr
- 페어트레이드 코리아
  http://www.fairtradegru.com
- 에코파티메아리
  http://www.mearry.com
- 동물사랑실천협회
  http://www.fromcare.org
- 동물자유연대
  http://www.animals.or.kr

지구를 살리는 어린이 01
착한 옷을 입어요

초판 1쇄 발행 2012년 12월 20일 **초판 11쇄 발행** 2024년 11월 1일

글 방미진 그림 소복이 감수 박경화
펴낸이 최순영

교양 학습 팀장 김솔미
키즈 디자인 팀장 이수현 디자인 오세라

펴낸곳 ㈜위즈덤하우스 출판등록 2000년 5월 23일 제13-1071호
주소 서울특별시 마포구 양화로 19 합정오피스빌딩 17층
전화 02) 2179-5600
홈페이지 www.wisdomhouse.co.kr 전자우편 kids@wisdomhouse.co.kr

ⓒ방미진, 2012
ISBN 978-89-6247-350-6 74530

* 이 책의 전부 또는 일부 내용을 재사용하려면 반드시 사전에 저작권자와
  ㈜위즈덤하우스의 동의를 받아야 합니다.
* 인쇄·제작 및 유통상의 파본 도서는 구입하신 서점에서 바꿔드립니다.
* 책값은 뒤표지에 있습니다.
* 이 책의 사용 연령은 8~13세입니다.